BEI GRIN MACHT SICH IH WISSEN BEZAHLT

- Wir veröffentlichen Ihre Hausarbeit, Bachelor- und Masterarbeit

- Ihr eigenes eBook und Buch - weltweit in allen wichtigen Shops

- Verdienen Sie an jedem Verkauf

Jetzt bei www.GRIN.com hochladen und kostenlos publizieren

Bibliografische Information der Deutschen Nationalbibliothek:

Die Deutsche Bibliothek verzeichnet diese Publikation in der Deutschen National-
bibliografie; detaillierte bibliografische Daten sind im Internet über http://dnb.d-
nb.de/ abrufbar.

Impressum:

Copyright © 2009 GRIN Verlag, Open Publishing GmbH
Druck und Bindung: Books on Demand GmbH, Norderstedt Germany
ISBN: 9783640512263

Dieses Buch bei GRIN:

http://www.grin.com/de/e-book/140536/product-information-management-pim-
als-basis-fuer-die-produktkommunikation

Manuel Dirnhofer

Product Information Management (PIM) als Basis für die Produktkommunikation im e-Business

GRIN Verlag

Studienarbeit

„PRODUCT INFORMATION MANAGEMENT ALS BASIS FÜR DIE
PRODUKTKOMMUNIKATION IM RAHMEN DES E-BUSINESS"

Manuel Dirnhofer

STEINBEIS-HOCHSCHULE BERLIN

Studienarbeit für die Prüfung zum
Bachelor of Business Administration / BBA
Jahrgang 2006 (V-K020)

Titel:
„Product Information Management als Basis für die Produktkommunikation im Rahmen
des e-Business"

Verfasser:
Manuel Dirnhofer

Zeitraum der Studienarbeit:
15.10.2008 bis 15.02.2009

Coverbild: morguefile.com

Vorwort

Diese Studienarbeit entstand im Rahmen des Bachelor Studiums zum Erlangen des Bachelor of Business Administration an der Steinbeis Hochschule Berlin. Die Idee für dieses Thema kam durch meine berufliche Tätigkeit als Product Information IT-Consultant bei der Firma B. Braun Melsungen AG. Die Integration eines Product Information Managements im B. Braun Konzern ist bereits im Gange, wobei hier noch Optimierungspotential bezüglich den strategischen Lösungen und Systemen besteht. Optimalerweise würde sich diese Studienarbeit als theoretische Grundlage für die Projektarbeit (Bachelor Thesis) zum Thema „Einführung eines integrierten Product Information Management bei B. Braun" eignen.

Die Beweggründe für mich als IT-Mitarbeiter nebenberuflich ein betriebswirtschaftliches Studium zu absolvieren liegen auf der Hand. Meiner Meinung nach ist es als IT-Consultant unabdingbar die Business-Prozesse zu verstehen, um somit das Business strategisch und kompetent Beraten zu können.

Ein herzliches Dankeschön geht an meine Eltern, die dieses Studium zum Teil finanziert haben. Ein Dankeschön an meine Fachabteilung, meinen Vorgesetzten, meine Kollegen, die mich unterstützt und vertreten haben. Ebenfalls ein herzliches Dankeschön an meine Partnerin, die mich immer wieder motiviert hat und die während des Studiums einige Zeit auf mich verzichten musste.

Inhaltsverzeichnis

Abbildungsverzeichnis

Abkürzungen

bzw. beziehungsweise

CMP Cross Media Publishing

CMS Content Management System

EDM Enginooring Data Managomont

ERP Enterprise Ressource Planning

ISC Information Supply Chain

IT   Informations Technologie

MAM Media Asset Management / DAM – Digital Asset Management

MDM Masterdata Management

PCM Product Content Mangement

PDM Produktdatenmanagement / Product Data Management

PIM Product Information Management

PLM Product Lifecycle Management

PRM Product Ressource Management

SAP System-Analyse und Programmentwicklung (Softwarekonzern ERP Lösung)

u.a. unter anderem

vgl. Vergleiche

z.B. zum Beispiel

1 Zielsetzung und Aufbau der Arbeit

Eine der wichtigsten Entwicklungen im Marketing und Vertrieb der letzten Jahre kann mit einem einzigen Begriff beschrieben werden: Vernetzung. Die treibende Kraft hinter diesen neuen weltweiten Vernetzungsstrukturen sind die Informations- und Kommunikationstechnologien. Dieser rasante Fortschritt bei Computern, Telekommunikation, Daten- und Informationsverarbeitung, Transport, Logistik schuf die Grundlage für Veränderungen der Methoden mit denen Unternehmen ihre Kunden bedienen können. Es werden neue Wege in der Produkt- und Dienstleistungsentwicklung beschritten, da die Kundenbedürfnisse besser ermittelt werden können. Das Massen-Marketing an eine weitgehend unbekannte Abnehmerschaft nutzen nur noch wenige Unternehmen, da die technologischen und kulturellen Entwicklungen immer mehr auf sorgfältig definierte und ausgesuchte Teilmärkte abzielen. Dies geht soweit, dass einzelne Kunden direkt angesprochen werden. Das „1:1 - Marketing" (one-to-one marketing) entwickelt sich zum neuen Zauberwort.[1]

Um diesen Entwicklungen im Marketing und im Vertrieb folgen zu können liefert das e-Business Instrumente zur Marktkommunikation. Ob für einen kundenindividuellen Katalog eines Key-Kunden, marktgerechte Imagebroschüren in der jeweiligen Landessprache, für Mailings oder den Onlineshop für einen gewissen Markt. Alle diese Kommunikations- und Informationsinstrumente benötigen Marketingtexte, Beschreibungen, Bilder, technische Daten und Preise zu einem Produkt. Diese Daten werden unter dem Begriff Produktinformation zusammengefasst. Sie stellen für Unternehmen ein wertvolles Gut dar. Vor allem, wenn diese Informationen per Knopfdruck für die verschiedenen Kommunikations- und Informationsinstrumente (Ausgabekanäle) zur Verfügung stehen sollen. Bestenfalls müssen diese Informationen nur einmal erstellt und erhoben werden, um die teure Doppelpflege zu vermeiden. So kann z. B. ein Vertriebsmitarbeiter auf eine Anfrage vom Kunden über spezielle Produkteigenschaften schnell und kompetent antworten, ohne mit dem Produktmanager oder der Entwicklung Rücksprache halten zu müssen. Die Voraussetzungen hierfür sind ein einheitlicher Datenbestand, eine Anwendung auf diese Daten gezielt zuzugreifen und ein durchgängiger Datenerhebungs- und Pflegeprozess.

---

[1] Vgl. KOTLER, ARMSTRONG, SAUNDERS, WONG, 4. Auflage 2007, Grundlagen des Marketing, S. 55ff, Pearson-Studium.

Diese organisatorische und systemtechnische Herausforderung der Informationsbe-
schaffung über ein Produkt erstreckt sich in einem Unternehmen über Abteilungsgren-
zen hinweg. Ohne einen effizienten Product Information Management Prozess werden
Informationen, und somit auch Wissen, in einem Unternehmen nicht zukunftsorientiert
abgelegt.

Sollte sich dann eine Produkteinführung auf einem neuen Markt verzögern, weil die
Produktbeschreibungen für eine Broschüre noch nicht in der jeweiligen Landessprache
vorliegen, wird die Produktinformation zum erfolgskritischen Unternehmensfaktor.[2]

Ziel der Studienarbeit ist es, eine Übersicht über das Thema „Product Information Management" (im folgenden PIM) zu geben. Darüber hinaus wird aufgezeigt wie das
Thema PIM im Zusammenhang mit dem e-Business, speziell e-Marketing und e-Com-
merce, für die Marktkommunikation- und Information genutzt werden kann. Es wird auf
verschiedene Bereiche des e-Business und dessen Geschäftsbeziehungen eingegangen. Die Eigenleistung besteht in der Anforderungsbeschreibung an ein PIM-gestütztes
Kommunikationssystem im e-Commerce. Hier wird anhand eines Modells die
Integration einer PIM-Lösung in die Systemlandschaft eines Unternehmens vorgestellt.
Dabei wird auch auf die Probleme bei der Implementierung eines integrierten PIM-
Prozesses eingegangen. Eine Schlussbetrachtung und Empfehlung an Unternehmen,
die mit e-Commerce und PIM zukünftig Ihre Produktkommunikation verbessern
möchten, bilden den Abschluss der Arbeit.
Nachdem im ersten Kapitel die Zielsetzung und der Aufbau der Arbeit dargestellt wer-
den, beschäftigt sich das zweite Kapitel mit den Inhalten und den Zielen des Product
Information Managements. Dort wird sowohl auf die Definition, Einordnung und
Abgrenzung, sowie auf die Charakterisierung eines PIMs eingegangen. Im dritten
Kapitel werden die Rahmenbedingungen und Umstände, die für den Einsatz des PIMs
im e-Business sprechen, erläutert. Es wird auch auf die Umsetzungsmöglichkeiten für
die Marktkommunikation eingegangen. Das vierte Kapitel zeigt, neben dem vom
Verfasser entwickelten Modell des integrierten Product Information Management
Prozesses, auch die Anforderungen und die möglichen Probleme und Risiken bei der
Einführung. Im fünften und letzten Kapitel wird mit der Schlussbetrachtung und
Empfehlung die Studienarbeit abgeschlossen.

---

[2] Vgl. LUCAS-NÜLLE,T, 1. Auflage 2005, Product Information Management in Deutschland,
S. 9 f, p1V pro literatur Verlag.

2 Inhalte und Ziele des Product Information Management

Im PIM-Bereich gibt es eine große Anzahl von Bezeichnungen und Begrifflichkeiten, die in engem Zusammenhang zueinander stehen. Zum einen sind das Managementansätze, wie zum Beispiel das Customer-Relationship-Management oder das Partner-Relationship-Management, zum anderen werden auch IT-Lösungen wie das Enterprise Ressource Planning und das Document Management System allgemeinverständlich erläutert, um dem Leser eine Einordnung der Begriffe in das Thema PIM zu ermöglichen.

Im weiteren Verlauf werden die Ziele von PIM hinsichtlich der Organisation von Produktdaten vorgestellt. Darüber hinaus wird PIM auch unter dem IT-Systemtechnischen Ansatz bezüglich der Bestandteile und Prinzipien der Produktdatenhaltung betrachtet.

2.1 Definition und Einordnung

Bevor jedoch das PIM näher beleuchtet und eingeordnet wird stellt sich die zentrale Frage: Was ist eine Produktinformation?

Um diese Frage beantworten zu können wird zuerst eine Definition über den Begriff der „Information" gegeben.

> *„Im Bereich des menschlichen Handelns wird unter Information ein Wissen (genauer: das Ergebnis eines Erfahrungsprozesses) verstanden, dem in der jeweiligen aktuellen Situation Bedeutung und Geltung beigemessen wird. In diesem Zusammenhang wird die Rede von „Information" oder „sich informieren" mit einer Beseitigung oder Verkleinerung von Ungewissheit verbunden, die durch Auskunft, Aufklärung, Mitteilung, Benachrichtigung oder durch Kenntnis über Gegenstände und Phänomene geschieht."[3]*

Abgeleitet von dieser Definition stellt eine Produktinformation ein Wissen in Form von Produktdaten dar. Dieses gibt Auskunft und Kenntnis über Gegenstände (Produkte) für die unterschiedlichsten Empfänger.

---

[3] Vgl. Seite „Information", Wikipedia, Die freie Enzyklopädie, Stand 02.02.2009, http://de.wikipedia.org/w/index.php?title=Information&oldid=56171104, vom13.02.2009.

Neben dieser hergeleiteten Definition wird im Folgenden dargelegt welche konkreten Daten in einem Unternehmen zu den Produktinformationen zählen:

- Produktbeschreibungen in unterschiedlichen Sprachen
- Preise und Rabatte
- technische Attribute (produktbeschreibende Merkmale)
- Produktbeziehungen zu
  - anderen Produkten
  - Zubehör
  - Ersatzteile
- Media Assets (Bilder und Dokumente)

Aus diesen Punkten ist ersichtlich, dass diese Informationen in einem Unternehmen häufig nicht zentral gebündelt vorliegen, sondern über viele Mitarbeiter und Abteilungen hinweg verstreut sind. So findet man Produktinformationen in der Entwicklungsabteilung, im Warenwirtschaftssystem, bei den Produktmanagern oder beispielsweise im Vertrieb. Produktbilder für die Website werden in der Marketingabteilung gepflegt, die Produktbilder für Imagebroschüren werden in der Werbeabteilung ggf. in der Werbeagentur abgelegt. Das Wissen des Unternehmens über seine Produkte liegt somit brach und kann nur mit enormen Aufwand verwendbar (für alle zugänglich) gemacht werden.

Nachdem aufgezeigt wurde was eine Produktinformation ist, wird nun vorab kurz auf die unterschiedlichen Arten der Verwendung eingegangen. Die weiteren Ausführungen zur Verwendung der Produktdaten zur Produktkommunikation im e-Business wird im Kapitel 3.3 behandelt.

Um in einem Katalog das Produkt ansprechend darstellen zu können, sind detaillierte Produktbeschreibungen und Produkteigenschaften (Abmessungen, Inhaltsstoffe etc.), die Darstellung von Preisinformationen und die Einbindung von hochauflösenden Bildern vonnöten.[4] Dies gilt nicht nur für einen Hauptkatalog, sondern auch für Produktbroschüren, Imagebroschüren, Webseiten und Web-Shops. Jeder von diesen Kommunikations- und Informationskanälen benötigt aktuelle und konsistente Produktinformationen.

---

[4] Vgl. LUCAS-NÜLLE,T, 1. Auflage 2005, Product Information Management in Deutschland, S. 9 f, p1V pro literatur Verlag.

2.1.1 Charakterisierung des Product Information Managements

Um mit dieser Fülle von Produktinformationen effizient umgehen zu können, liefert der Ansatz des Product Information Managements Lösungen. Die Kernidee des PIMs ist es, sämtliche kommerzielle und technische Produktinformationen, die für den Einsatz in verschiedenen Ausgabemedien (Publikationskanälen) bestimmt sind, zentral zu verwalten. Die zentral verwalteten Produktinformationen werden dann den verschiedensten Konsumenten wieder zur Verfügung gestellt. Da diese Konsumenten sowohl die klassische Druckvorstufe, als auch der Onlineshop oder ein elektronischer Produktkatalog sein können, ist die Medienneutralität der Daten ein wichtiger Faktor. Hierbei werden Anforderungen zur effizienten Datenübernahme, Datenverwaltung, Datenanreicherung und Datenausgabe gestellt.

Aufgrund der Tatsache, dass sich erst in jüngerer Vergangenheit der Begriff Product Information Management durchgesetzt hat, existieren in diesem Zusammenhang noch eine Vielzahl von weiteren zum Teil synonym verwendeten Begriffen. Diese werden im Folgenden kurz erläutert und ggf. korrekt in Beziehung gesetzt.

PDM – Produktdatenmanagement / Product Data Management

Der Begriff PDM hat sich aus dem Engineering Data Management (EDM) entwickelt. Heute wird der Begriff in Richtung Product Lifecycle Management (PLM) ausgeweitet. Es geht um die zweckmäßige Verwaltung, oder auch das Management aller entwicklungsrelevanten (Produkt-) Daten und die Koordinierung von Abläufen, die zur Produktfertigung benötigt werden. Hierbei handelt es sich primär um Daten, welche die Produktstruktur beschreiben.

Bevor der Begriff PDM allgemein gebräuchlich wurde, war in den 1980er Jahren das EDM der verbreitete Terminus. Im engen Zusammenhang mit PDM steht die Verwaltung von CAD-Daten (elektronisch erstellte Zeichnungen). CAD ist im Wesentlichen eine rechnergestützte Entwicklung und Konstruktion von Produkten und Anlagen. Um der Produktdatenflut zu begegnen wurden Systeme entwickelt, die eine strukturierte Verwaltung von CAD-Daten ermöglichen. Aber nicht nur eine Verwaltung von CAD Daten, sondern auch die Verwaltung von anderen Informationen, die entwicklungsseitig anfallen, sind die Kernkompetenz des PDM-Systems. Da aber ein Grossteil dieser Informationen entwicklungsseitig erfasst wird, ist eine sinnvolle

Verwaltung von sämtlichen Produktinformationen in solchen Systemen eher die Ausnahme.[5]

EDM – Engineering Data Management

Das Engineering Data Management ist für die Verwaltung von Prozessen und Daten, welche im Laufe eines Produktlebenszyklus bei der Entwicklung neuer Produkte oder der Änderung von vorhandenen Produkten entstehen, zuständig. Ein EDM-System generiert, bearbeitet und verteilt Informationen. [6]

PRM – Product Ressource Management

Diese Wortschöpfung wird nur noch von vereinzelten Softwareanbietern im PIM-Umfeld synonym zum Begriff Product Information Management verwendet. Aufgrund der begrifflichen Nähe zum ERP-Umfeld wird er sich wahrscheinlich nicht durchsetzen.[7]

PCM – Product Content Mangement

Der Ausdruck PCM wird ebenfalls synonym zum Begriff PIM verwendet. Er findet jedoch überwiegend im englischen und französischen Sprachraum Verwendung.[8]

PLM – Product Lifecycle Management

Hinter PLM verbirgt sich eher ein Organisations- und Managementansatz und weniger eine IT-Technologie. Die konsequente Fortführung der Integration aller im Produktlebenszyklus entstehenden Daten - von der ersten Idee, über die Produktentwicklung, Produktionsaufbau, Produktmodifikationen, Instandhaltungsmaßnahmen - führte zum Begriff Product Lifecyle Management.[9] Über die traditionellen PDM-Funktionen hinaus bieten PLM-Systeme insbesondere Funktionen, die Informationen aus allen Lebensphasen eines Produktes verwalten.[10] Ziele des PLM sind vorwiegend kürzere

---

[5] Vgl. LUCAS-NÜLLE,T, 1. Auflage 2005, Product Information Management in Deutschland, S. 10, p1V pro literatur Verlag.

[6] Vgl. ebenda S.11.

[7] Vgl. ebenda.

[8] Vgl. „Definition Product Content Management", Stand 10.2008, http://www.incony.de /index.php/pcm/, vom 24.10.2008.

[9] Vgl. LUCAS-NÜLLE,T, 1. Auflage 2005, Product Information Management in Deutschland, S. 10, p1V pro literatur Verlag.

[10] Vgl. „Begriffsdefinitionen Product Lifecycle Management - Systeme", Stand 10.2008, http://www.plmportal.de/index.php?id=904, vom 24.10.2008.

Innovationszyklen, Schaffung von Möglichkeiten zur schnellen Reaktion bei Markt-veränderungen und natürlich auch hier Rationalisierungseffekte und Kosteneinsparung durch optimierte Prozesse. [11]

MAM – Media Asset Management / DAM – Digital Asset Management

Das Media Asset Management verwaltet die Medieninformationsobjekte, die ebenfalls Vermögenswerte in Unternehmen darstellen und stellt diese zur optimalen Nutzung zu Verfügung. Ziel des Media Asset Managements ist somit, ein effektives und effizientes Management von multimedialen Informationen zu ermöglichen und dadurch einen wirt-schaftlichen Nutzen und Wettbewerbsvorteile zu erzielen. Medien (Bilder, Grafiken, Präsentationen, Audio, Video) sollen wieder verwertbar, auffindbar und cross-medial einsetzbar verwaltet werden. Die Verwaltung von Medieninformationsobjekten wird oft auch als Digital Asset Management bezeichnet. Dies wird als Synonym zu MAM gesehen.[12]

Das Media Asset Management stellt im Rahmen des Product Information Management die zentrale Instanz bei der Verwaltung und zur Verfügungstellung z.B. von Bildern für den Katalog oder die Website dar.

CMP – Cross Media Publishing

Das Cross Media Publishing wurde zunächst nur in der Werbe- und Druckbranche ge-prägt. Dies ist ein weiterer wichtiger Ansatz, wenn es um die synergetische Nutzung von verschiedenen Medien geht. Im Rahmen der Medienplanung soll durch vorteilhafte Medienauswahl eine optimale Werbewirksamkeit für das Unternehmen erzielt werden. Aus diesem Kontext heraus entstand der Begriff Cross Media. Er beschreibt zum einen den Einsatz verschiedener Medien (Print, Web, Radio, TV), zum anderen bezieht sich Cross Media auf die einzelnen Medienbausteine wie Text, Grafik, Audio- oder Videodateien.

Der Fokus liegt hierbei eindeutig auf der medienübergreifenden Mehrfachnutzung der medialen Einzelbausteine. Im Allgemeinen gesprochen verbirgt sich hinter CMP das möglichst zeitgleiche Veröffentlichen in verschiedenen Medien, wie z.B. Web- oder Print-Medien.

---

[11] Vgl. „Definition Product Lifecycle Management", Stand 10.2008, http://www.incony.de /index.php/plm/, vom 24.10.2008.

[12] Vgl. KAMPFFMAYER, „Media Asset Management", Stand 06.2007, http://www. documanager.de/magazin/artikel_1500_media_asset_management_mam.html,   vom 25.10.2008.

Wegen der immer kürzer werdenden Time-to-Market Zyklen, vor allem auch auf internationalen Märkten, müssen die Publikationsprozesse für Print und Web effizienter
gestaltet werden. Dies kann bei kleinen Sortimenten oder sehr einfachen Produktstruk-
turen durch eine CMP-Lösung erreicht werden. [13]

Nachdem nun die zum Teil synonymen Ansätze zum Product Information Management
kurz vorgestellt wurden, werden nun diejenigen Begrifflichkeiten erklärt, die in einem
engen Kontext zu PIM stehen.
Die folgende Abbildung soll ein Gesamtüberblick über die Einordnung der Begrifflichkeiten vermitteln, bevor die Quadranten Document Management System (DMS) und
Content Management System (CMS) erläutert werden.

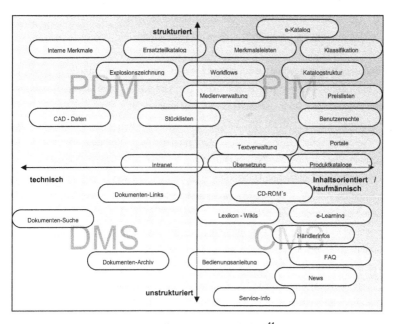

Abbildung 1 - Einordnung der Begriffe PDM, PIM, DMS, CMS[14]

---

[13] Vgl. LUCAS-NÜLLE,T, 1. Auflage 2005, Product Information Management in Deutschland,
S. 11f, p1V pro literatur Verlag.
[14] Vgl. ebenda S.13.

DMS – Document Management System

Ein Dokumentenmanagementsystem (früher Dokumentenverwaltungssystem) verwaltet sowohl elektronisch, als auch nicht elektronisch erzeugte Dokumente. Es ist verantwortlich für die Organisation der Dokumente in folgenden Phasen:

- ❑ Planung, Entwurf und Erstellung
- ❑ Weitergabe und Verteilung
- ❑ Ablage und Archivierung

Ein DMS muss unter anderem den folgenden Ansprüchen gerecht werden:

- ❑ Integration von Dokumenten aus verschiedenen Quellen
- ❑ Schnittstelle zu den Ressourcen eines Unternehmens
- ❑ Darstellung der Geschäftsprozesse mit Workflows

Im Dokumentenmanagement werden verschiedene Arten von Dokumenten unterschieden: technische Zeichnungen, Bibliotheken, Behördenakten, Faxe, Mails, Geschäftsbriefe, Bestellungen, Auftragsbestätigungen, Rechnungen etc..

Die Datenerfassung umfasst alle Erfassungsmöglichkeiten wie die direkte manuelle oder elektronische Eingabe, das Einscannen von Papierdokumenten mit anschließender optischer Zeichenerkennung (OCR), die Datenübernahme von magnetischen und optischen Datenträgern sowie den direkten Dateitransfer und den indirekten als Anhang von E-Mails usw.. Die anschließende elektronische Archivierung reduziert die Archivierungskosten und ermöglicht das schnelle Auffinden von wichtigen und aktuellen Dokumenten und Informationen für die nachfolgende Recherche und Bearbeitung.[15]

Bei den elektronisch erfassten Dokumenten sind, neben dem Suchen und Finden, auch workflowgestützte digitale Signatur-Szenarien von Bedeutung. Weitere Aspekte sind auch Querverweise zwischen Dokumenten und anderen Objekten und das Pflegen von so genannten Metadaten.[16]

---

[15] Vgl. Document Management System, Stand 01.2009, http://www.itwissen.info/definition/lexikon/document-management-system-DMS-Dokumenten-Managementsystem.html, vom 10.01.2009.

[16] Als Metadaten oder Metainformationen bezeichnet man allgemein Daten, die Informationen über andere Daten enthalten. Bei einem Dokument oder Buch z.B. Autor, Auflage, Erscheinungsjahr.

CMS – Content Management System

WCMS – Web Content Management System

Hauptaufgabe des CMS ist es Content (Inhalte) für das Internet zu verwalten. Hier werden digitale Inhalte wie z.b. Texte, Bilder, Musik und Videodaten abgelegt. Neben der Verwaltung von Inhalten, sichert das CMS die Archivierung, die Medienverwaltung und vor allem das Benutzer- und Workflowmanagement für das Web.

Bei diesem Systemansatz steht der Content, also der Inhalt einer Website, und nicht die Produktinformation im Mittelpunkt. Bei der Konzeption eines Webauftrittes werden Inhalt und Design der Webseiten voneinander getrennt. Die so genannten Templates bilden die Vorlage für den Inhalt der Internetseiten und werden später mit dem Webdesign verbunden. Bei Layout oder Designänderungen muss somit nicht der komplette Inhalt neu eingepflegt werden, sondern es müssen lediglich die Templates angepasst werden.

ECM – Enterprise Content Management

Die Bezeichnung Enterprise-Content-Management, ECM, ist ein modernes Kunstwort, das Produkte, Lösungen, einen Markt und eine Branche beschreiben soll.

Die anerkannte Definition des Akronyms ECM und des Begriffes Enterprise-Content-Management stammt vom Branchenverband AIIM International: ECM umfasst die Technologien zur Erfassung, Verwaltung, Speicherung, Bewahrung und Bereitstellung von Content und Dokumenten zur Unterstützung von organisatorischen Prozessen.[17]

Unter ECM werden die zum Teil bereits beschriebenen Technologien wie WCMS, elektronische Archivierung, Dokumentenmanagement, Workflows, Business Process Management und u.a. auch das Product Information Management zusammengefasst.[18]

---

[17] Vgl. Seite „Enterprise-Content-Management", Wikipedia, Die freie Enzyklopädie, Stand 27.09.2008, http://de.wikipedia.org/w/index.php?title=Enterprise-Content-Management& oldid=51218823, vom 25.10.2008.

[18] Vgl. LUCAS-NÜLLE,T., 1. Auflage 2005, Product Information Management in Deutschland, S. 12, p1V pro literatur Verlag.

2.1.2   Abgrenzung von PIM zu verwandten Bereichen des e-Business

Im Folgenden wird eine Abgrenzung zwischen dem Product Information Management und anverwandten e-Business Begrifflichkeiten vorgenommen.

ERP – Enterprise Ressource Planning

Darunter versteht man den effizienten Einsatz von Unternehmensressourcen wie z. B. Kapital, Betriebsmittel, Personal und Produktion. Der Fokus liegt auf der vertikalen Datenvernetzung der Gesamtunternehmung über alle Wertschöpfungsstufen hinweg. Alle Mengen- und Wertströme der Unternehmung werden mit Hilfe von Datenbanken sowie Reporting- und Steuerungssoftware erfasst und gelenkt. Vom Wareneingang über die Produktion bis hin zu Verkauf, Fakturierung und Logistik. Führende Anbieter sind z.B. SAP, Oracle, SAGE und Microsoft Dynamics NAV (ehemals Navision).[19]

Auf Grund der transaktionsorientierten Ausrichtung von ERP Systemen eignen sich diese nicht unbedingt als PIM-System. Obwohl immer wieder ERP-Anbieter Lösungen für das Product Information Management installieren, werden diese häufig den Anforderungen an ein modernes PIM-System nicht gerecht. [20]

Jedoch ergänzen sich ERP- und PIM-Systeme aufgrund ihrer verschiedenen Systemstrukturen. So kann in einem PIM-Szenario der Einsatz eines ERP-Systems, gekoppelt mit der zentralen Produktdatenhaltung in einem PIM-System, die Basis eines e-Shops und eines e-Kataloges sein. Die direkte Verbindung zwischen e-Shop und e-Katalog könnte zum Beispiel eine Warenkorbfunktionalität im e-Katalog sein. Dieses Szenario ist in Abbildung 2 graphisch dargestellt.

---

[19] WINKELMANN, P., 5. Auflage 2006, Marketing und Vertrieb, S. 299, Oldenbourg Verlag

[20] Vgl. LUCAS-NÜLLE,T., 1. Auflage 2005, Product Information Management in Deutschland, S. 14, p1V pro literatur Verlag.

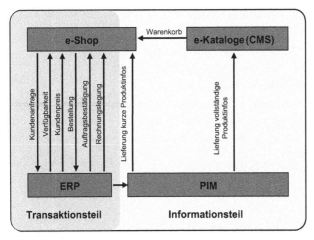

Abbildung 2 - PIM-Szenario Industrie mit ERP, e-Shop und CMS[21]

CRM – Customer Relationship Management

Das Customer Relationship Management wird im Deutschen mit Kundenbeziehungs-
management übersetzt. Unter CRM wird ein ganzheitlicher Ansatz der Unternehmensführung verstanden. Auf der Grundlage einer Datenbank / Software zur Marktbearbeitung sowie eines definierten Verkaufsprozesses werden alle kundenbezogenen
Prozesse in Marketing, Vertrieb, Kundendienst, Forschung und Entwicklung integriert
und optimiert. Das Ziel von CRM ist die Generierung von Mehrwerten auf Kunden- und
Lieferantenseite über die Lebenszyklen von Geschäftsbeziehungen.[22]

Eine weitere Definition beschreibt das CRM als Unternehmensstrategie und lautet wie
folgt:

„CRM ist eine kundenorientierte Unternehmensstrategie, die mit Hilfe moderner In-
formations- und Kommunikationstechnologien versucht, auf lange Sicht profitable
Kundenbeziehungen durch ganzheitliche und individuelle Marketing-, Vertriebs- und
Servicekonzepte aufzubauen und zu festigen."[23]

---

[21] Vgl. LUCAS-NÜLLE,T, 1. Auflage 2007, Unternehmens- und Produktkommunikation, S. 18,
Agentur roeder.

[22] Vgl. WINKELMANN, P., 5. Auflage 2006, Marketing und Vertrieb, S. 300, Oldenbourg Verlag.

[23] Vgl. HIPPNER, H., WILDE, K., 2. Auflage 2006, Grundlagen des CRM, S. 18, Gabler Verlag.

Einige wesentlichen Kernelemente eines CRM:

❑ ganzheitlicher Ansatz zur Unternehmensführung

❑ Mehrwerte in Geschäftsbeziehungen (WIN-WIN)

❑ Integration aller Kundendaten und Applikationen

❑ Prozessbeschreibungen und –integration, dabei permanente Prozess-
verbesserung (Closed Loop) mit Hilfe von Datenbank und Steuersoftware

❑ Kundenbindung über Lebens-, Geschäftszyklen

Zentrale Funktionalitäten eines CRM:

❑ Kundenkommunikation und Kundenhistorie

❑ Kundenqualifizierung, Kundenprofilerstellung

❑ Individuelle Angebotserstellung, Produktkonfigurator

❑ Opportunity-Management, Angebotsverfolgung

❑ e-Business Anbindung, e-Commerce Shop

❑ Benchmarking, Frühwarnung[24]

PRM – Partner Relationship Management

Das Partner Relationship Management (PRM) ist auf die Beziehungen zu den Lieferanten eines Unternehmens ausgerichtet. Vom Ansatz ist das Partner Relationship
Management vergleichbar dem Customer Relationship Management (CRM) mit dem
Unterschied, dass sich das eine auf die Lieferanten und Partner bezieht, das andere
auf die Kunden.[25]

CRM und PRM stellen die Kundeninformationen und PIM die Produktinformationen für
ein potentielles Direkt-Marketing (One-to-One Marketing) oder den direkten Partner-
datenaustausch zur Verfügung. Auf Grund der Unterschiedlichkeit der Anforderungen
an CRM- und PIM-Systeme, macht es keinen Sinn, im jeweils anderen System die entsprechenden Daten vorzuhalten. Mit einer geschickten Integration und Verknüpfung
der beiden Systeme und deren Informationen können Synergieeffekte erzielt werden.

---

[24] Vgl. WINKELMANN, P., 5. Auflage 2006, Marketing und Vertrieb, S. 300, Oldenbourg Verlag.

[25] Vgl. "Partner Relationship Management", Stand 10.2008, http://www.itwissen.info/definition/
lexikon/partner-relationship-management-PRM.html, vom 30.10.2008.

2.2   Ziele des Product Information Management

Eine verstreute Produktdatenhaltung verursacht, sowohl bei der Erhebung, als auch bei der Änderung von Produktdaten, Probleme. Es kann sehr zeit- und arbeitsintensiv sein, abteilungsübergreifend Änderungen an verschiedensten Daten zu einem Produkt vorzunehmen. Wenn sich beispielsweise technische Eckdaten eines Produktes in der Produktentwicklung ändern, so hat dies Auswirkung auf Produktdokumentation, technische Datenblätter, Produktkataloge, Internetseiten, Online-Shops und vieles mehr. Um alle Ausgabekanäle aktuell zu halten, müssen die jeweiligen Änderungen dann in den entsprechenden Systemen gepflegt werden. Mit dem Faktor Mehrsprachigkeit multipliziert sich der Aufwand mit der Summe der Sprachen.

Das Product Information Management soll in den Unternehmen, die Prozesse zur Produktdatenpflege vereinheitlichen und organisieren. Alle Abteilungen, in denen Produktinformationen und somit auch Produktwissen entsteht, müssen in einem zentralen System Produktdaten einpflegen und ablegen. Die optimale Nutzung von marketingrelevanten Produktdaten in sämtlichen Ausgabekanälen ist ein weiteres Ziel eines PIM.

Die folgenden zwei Aussagen stellen die strategischen Ziele des Product Information Managements dar.

- Zentrale, medienneutrale und prozessorientierte Haltung von kaufmännischen und marketingorientierten Produktinformationen
- Werkzeuge zur effektiven Übernahme, Verwaltung, Anreicherung und Ausgabe von strukturierten und unstrukturierten Produktdaten

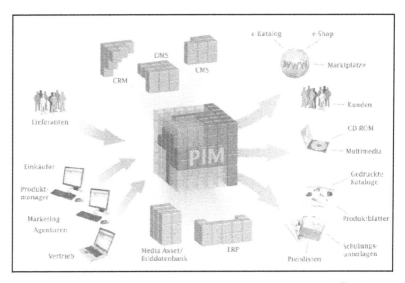

Abbildung 3 - Einordnung von PIM in verschiedene Bereiche des e-Business[26]

---

[26] Vgl. LUCAS-NÜLLE,T., 1. Auflage 2005, Product Information Management in Deutschland, S. 15, p1V pro literatur Verlag.

2.3   Bestandteile und Prinzipien eines PIM

Im Folgenden werden die Bestandteile und Ansätze an ein IT-gestütztes Product Information Management verdeutlicht.

2.3.1   Zentrale Produktdatenhaltung – Kernaspekt des PIM

Eine einheitliche Datenbasis stellt die Grundvoraussetzung einer PIM-Lösung dar. Der
erste Schritt ist der einheitliche Artikelstamm. Nur wenn unternehmensweit dieselben
Artikelstammdaten, bzw. dieselben Artikelnummern genutzt werden, können die
nutzenbringenden Potentiale einer PIM-Lösung entfacht werden. In der Regel ist das
ERP-System das führende System für die jeweiligen Artikelnummern, da dort die
ersten Informationen für neue Produkte angelegt werden. Die Artikelnummer und die
damit verknüpften Informationen wie Preise, Lagerbestände, Kurzbezeichnungen,
Versandstatus etc. dienen überwiegend der logischen und kaufmännischen Abwicklung
von Produkten und Aufträgen im ERP System. Diese Daten werden dann in
regelmäßigen Abständen an das PIM-System übergeben. Dort werden dann die eher
technischen Daten mit marketingrelevanten Informationen wie Vertriebstexten,
technischen Daten und Produktbildern, angereichert. Unabhängig davon woher die
Informationen kommen, die Aufgabe des Product Information Management ist das
Übernehmen, Verwalten, Anreichern und Pflegen von erweiterten
Produktinformationen, um diese dann verschiedensten Konsumenten zur Verfügung
stellen zu können.[27]

2.3.2   Granularität der Produktdatenhaltung

Ein Grundsatz der Datenhaltung in Datenbanken ist, dass die Daten atomar abgelegt
werden. Beispielsweise heißt das, dass der Wert „10 cm" nicht in Textform in einem
Datenbankfeld abgelegt wird, sondern die Zahl „10" und die Einheit „cm" in zwei separaten Feldern. Nur so können die Informationen auch in anderen Sprachen
verwendet werden. In diesem Fall kann einmalig die Maßeinheit Zentimeter in
verschiedene Sprachen übersetzt werden und ist somit für alle Werte mit Maßeinheiten
gültig. Ausgabespezifische Umrechnungen von Maß- und Mengeneinheiten wie z. B.
Kilo in Pfund oder Zentimeter in Inch sind somit möglich.

---

[27] Vgl. LUCAS-NÜLLE,T., 1. Auflage 2005, Product Information Management in Deutschland,
S. 18, p1V pro literatur Verlag.

Die Ablage der Produktdaten lässt sich in die folgenden drei Arten der Datenhaltung einteilen.

Einfache granulare Datenablage

Ablage der Informationen in jeweiligen Datenbankfeldern zur Pflege mit folgenden Kerneigenschaften:

- ❑ Texte werden in einzelnen Feldern je Sprache verwaltet. Es können beliebige Felder angelegt und gepflegt werden. Für Marketing-Texte, wie z. B. Vorteile des Produkts, existieren keine Wertelisten.
- ❑ Technische Merkmale werden in einzelnen Feldern verwaltet. (Feldbezeichnung, Wert und Einheit getrennt).

Hochgranulare Datenablage

Feinste Ablage der Daten in jeweils einzelnen Feldstrukturen mit folgenden Kerneigenschaften:

- ❑ Texte werden in einzelnen Feldern je Sprache verwaltet. Für Texte existieren ggf. Wertelisten.
- ❑ Bei technischen Merkmalen werden Wert und Einheit getrennt verwaltet. Sowohl für Werte als auch Einheiten können Wertelisten bestehen. Die Beschreibung des technischen Merkmals wird sprachabhängig in einem separaten Feld verwaltet, welches als Feldbezeichnung bei der Ausgabe verwendet wird.
- ❑ Es lassen sich Werte ausgabespezifisch umrechnen (kg → lbs, cm → Inch).

Hochgranulare Datenablage mit Mappingtechnologie

Feinste Ablage der Daten in jeweils einzelnen Feldstrukturen, jedoch mit zentraler Verwaltung von Elementen zur Erhöhung der Wiederverwendbarkeit.

- ❑ Texte werden in einzelnen Feldern je Sprache verwaltet, jedoch erfolgt die Zuweisung aus einer zentralen Textverwaltung. Dies sichert eine höchstmögliche Konsistenz der Daten und reduziert die Übersetzungskosten.
- ❑ Die Ausprägung der technischen Merkmale entspricht grundsätzlich der hochgranularen Datenablage (s.o.).

Da die Datenhaltung die elementarste Grundlage eines Product Information Managements ist, gilt es bei der Auswahl des richtigen Lösungsansatzes die Unternehmenssituation und Organisation mit einzubeziehen.[28]

2.3.3 Beschreibung von Produkten durch Klassifikationen

Das Ziel einer Produktklassifikation ist die eindeutige Beschreibung und Einordnung eines Produktes in ein hierarchisches System. Dies führt zu einer Gruppierung und Strukturierung des Produktportfolios. Einerseits verbessert dies das Wiederfinden eines Produktes, da es sich in einer Baumstruktur befindet. Andererseits sind den einzelnen Hierarchiestufen auch Merkmale zugeordnet, welche das Produkt noch detaillierter beschreiben. Diese variieren je nach Produktgruppe. Für Schrauben gibt es zum Beispiel Merkmale wie Gewindegröße, Gewindelänge, Schraubenlänge und Durchmesser. In der folgenden Abbildung (Abbildung 4) wird am Produktbeispiel „Schraube" ein möglicher Aufbau einer Klassenstruktur incl. Merkmalen aufgezeigt.

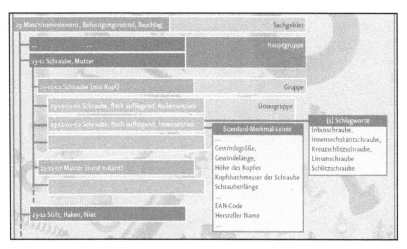

Abbildung 4 - Aufbau einer Klassenstruktur nach eCl@ss[29]

Um die Geschäftsprozesse zwischen Unternehmen beim Datenaustausch (Lieferant-Kunde, Handel-Marktplatz etc.) zu verbessern, sind in den letzten Jahren verschiedene Klassifikationssysteme (Standards) entstanden. Dies gilt sowohl auf der nationalen als

---

[28] Vgl. LUCAS-NÜLLE,T., 1. Auflage 2005, Product Information Management in Deutschland, S. 20f, p1V pro literatur Verlag.

[29] Vgl. „Flyer eCl@ss für den Mittelstand", Stand 11.2008, http://www.eclass.de/user/documents /flyer_eclass_fuer_den_mittelstand.pdf, vom 06.11.2008.

auch auf der internationalen Ebene. Da die Erläuterung aller Klassifikationssysteme nicht Ziel dieser Arbeit ist und den Rahmen sprengen würde, wird lediglich auf das in Deutschland führende Klassifikationssystem eCl@ss kurz eingegangen. Der Verein eCl@ss e.V. wurde im November 2000 von großen Unternehmen der deutschen Wirtschaft gegründet. Als Ziel hat sich der Zusammenschluss der Unternehmen die Standardisierung der Produkt- und Dienstleistungsklassifizierung zum Auftrag gemacht. Durch die Erstellung eines einheitlichen internationalen Standards wird ein wichtiger Beitrag zur Kostenreduzierung beim Datenaustausch zwischen Unternehmen geleistet. Damit gehen gleichzeitig eine Optimierung der Prozesse und eine Verbesserung der Zusammenarbeit zwischen Unternehmen einher.

Im Speziellen verbirgt sich hinter eCl@ss ein „Hierarchisches System zur Gruppierung von Materialien, Produkten und Dienstleistungen nach einem logischen Schema in einer Detaillierung entsprechend der produktspezifischen Eigenarten, die sich mittels normenkonformer Merkmale beschreiben lassen."[30]

Abbildung 5 - Struktur des eCl@ss Systems[31]

Der eCl@ss Standard ist je nach Releasestand in bis zu sechs Sprachen übersetzt. Für das Product Information Management heißt das, dass viele Standardprodukteigen-

---

[30] Vgl. Broschüre „eCl@ss. Verbindet Unternehmen. Schafft Ordnung", Stand 11.2008, http://www.eclass.de/user/documents/broschuere_eclass_verbindet_unternehmen_schafft_ordnung.pdf, vom 06.11.2008.

[31] Vgl. ebenda.

schaften bereits mehrsprachig vorliegen. Dies reduziert wiederum den Übersetzungs-
aufwand.

In der Praxis sind die Produkteigenschaften und das Klassensystem äußerst wichtige
Produktinformationen, die in sämtlichen Medien (Publikationskanälen) Verwendung
finden. Sowohl im elektronischen Katalog für den Onlineshop, als auch in gedruckten
Produktbroschüren werden diese Informationen benötigt.

2.3.4 Datensynchronisation zwischen e-Business Systemen

Wie bereits in den Kapiteln 2.1.1 und 2.1.2 thematisiert wurde, sind die Produktdaten
auf mehrere Systeme und Datenbanken im Unternehmen verteilt. Dies kann sowohl ein
ERP-System, in dem die Artikelstammdaten (eindeutige Artikelnummer) angelegt und
verwaltet werden, als auch ein PDM-System, aus dem die technischen Zeichnungen
und technischen Produkteigenschaften vorgehalten werden, sein.

In einem solchen Fall besteht die Hauptaufgabe eines PIM-Systems darin, die
verschiedenen Datenbereiche zu synchronisieren. Die Datensynchronisation führt den
internen Abgleich von den verschiedenen Systemen (ERP, CRM, sonstige
Datenbanken) durch.

Im Zuge der Service Orientierten Architektur (SOA) wird zukünftig der Datenaustausch
zwischen den Systemen weiter standardisiert und die redundante Datenhaltung verringert.

2.3.5 Graphische Benutzeroberfläche und Pflegemasken

Weitere wesentliche Bestandteile eines IT gestützten Product Information
Managements sind die einfache Bedienbarkeit und die ergonomische Gestaltung der
Pflegemasken und graphischen Benutzeroberflächen (User Interface UI). Hierbei wird
zwischen zwei Ansätzen unterschieden:

- ❑ browserbasierte Oberflächen
- ❑ Windows-Client basierte Oberfläche

Ein Vorteil von browserbasierten Systemen ist, dass sie ohne Installation auf dem
Client auskommen. Somit lassen sich solche Systeme weltweit von jedem beliebigen
Arbeitsplatz mit Internetzugang aufrufen. Man spricht damit von der Webfähigkeit eines
Systems. Ein Standardwebbrowser wäre zum Beispiel der Internet Explorer, entwickelt
von der Firma Microsoft, über welchen man ein User-Interface zur Produktdatenpflege,
bzw. zum Nachschlagen von Produktdaten aufrufen könnte.

Windows-Client basierte Oberflächen sind grundsätzlich nicht webfähig. Deshalb sind diese User Interfaces nur über das interne Netzwerk, und auch nur von Arbeitsplätzen auf denen die Applikation installiert ist, erreichbar. Über technische Umwege können auch Windows-Client basierte Systeme von extern aufgerufen werden. Jedoch setzt dies u.a. entsprechende Leitungskapazitäten voraus.[32]

Sowohl browser- als auch Windows-Client basierte Oberflächen haben Vor- und Nachteile. Vor allem in Punkto Sicherheit ist die browserbasierte Anwendung kritischer zu betrachten.

Für beide Oberflächen Varianten ist die intuitive Bedienbarkeit der Oberflächen und Menüführung durch den Endanwender obligatorisch und sollte nicht vernachlässigt werden.

2.3.6   Zusätzliche Funktionalitäten und Bestandteile

Im Rahmen eines effizienten Product Information Managements gibt es noch einige weitere Funktionalitäten, die berücksichtigt werden müssen. Auf Grund des limitierten Umfangs der Arbeit kann jedoch nicht näher auf die Einzelheiten eingegangen werden. Es handelt sich um folgende Punkte:

- ❏ Prozessmanagement / Workflow – Optimierung des Produktdateneinpflege-prozesses durch Workflowunterstützung
- ❏ Übersetzungsmanagement – Optimierung der Übersetzungsprozesse
- ❏ Klassifikationsunterstützung – Halbautomatische Zuweisung von Produkten in das Klassensystem
- ❏ Controlling Instrumente – Überprüfung der Datenkonsistenz
- ❏ Standards für Datenimport und Datenexport – einfache Datenübermittlung von und an Partner[33]

Nachdem nun die grundlegendsten Aspekte des Product Information Managements und die Anforderungen an eine IT-gestützte Lösung erläutert wurden, wird nun näher auf den elektronischen Geschäftsverkehr (e-Business), speziell e-Marketing und e-Commerce eingegangen. Dabei wird herausgearbeitet, welchen Einfluss das Product Information Management auf das e-Business hat.

---

[32] Vgl. LUCAS-NÜLLE,T., 1. Auflage 2005, Product Information Management in Deutschland, S. 25, p1V pro literatur Verlag.

[33] Vgl. ebenda S. 26 ff.

3 Kriterien für den Einsatz eines PIM im e-Business

Obwohl der Begriff „Electronic Business" (e-Business) mittlerweile fast ein Jahrzehnt alt ist, sind viele Möglichkeiten und Anwendungen bis heute nicht oder unvollständig realisiert.

„eBusiness hat 2007 für deutlich mehr als die Hälfte der befragten Unternehmen eine hohe oder sehr hohe Bedeutung. Viele Unternehmen gehen davon aus, dass eBusiness in den kommenden Jahren noch wichtiger wird: Rund 80 Prozent erwarten, dass eBusiness im Jahr 2010 im eigenen Unternehmen eine hohe oder sehr hohe Bedeutung haben wird. Wie auch die früheren Studien zeigten, sind es vor allem Unternehmen mit 250 und mehr Beschäftigten, für die eBusiness ein zentraler Bestandteil des täglichen Geschäftsbetriebes ist. Aber auch bei den kleinen und mittleren Unternehmen ist bis zum Jahr 2010 ein starker Anstieg des Stellenwertes von eBusiness festzustellen. Für das kommende Jahr prognostizieren insbesondere die Kleinunternehmen einen starken Bedeutungsanstieg."[34]

Dies geht aus dem eBusiness-Jahrbuch der deutschen Wirtschaft 2007/2008 hervor.

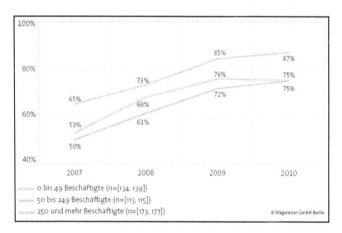

Abbildung 6 - Bedeutung von e-Business im eigenen Unternehmen nach Beschäftigten-größenklassen („sehr hohe" und „hohe" Bedeutung kumuliert)[35]

---

[34] Vgl. POLS, A; RENNER, T.: Studie eBusiness-Barometer 2007/2008, eBusiness-Jahrbuch der deutschen Wirtschaft 2007/2008, S.19, Brandenburgische Universitätsdruckerei und Verlagsgesellschaft Potsdam mbH.

[35] Vgl. ebenda.

Im Fokus von aktuellen e-Business Projekten stehen Lösungen zur Prozessoptimierung, Gestaltung neuer Prozessmodelle, Reduktion der Prozess- und Produktionskosten, Verbesserung der Qualität von Produkten und Dienstleistungen und die Förderung der unternehmensübergreifenden Kooperation. [36] Im Folgenden werden ausgewählte Bereiche des e-Business erläutert und auf verschiedene Geschäftsbeziehungen im elektronischen Geschäftsverkehr eingegangen. Anschließend werden die Rahmenbedingungen für den Einsatz eines Product Information Managements beschrieben. Abschließend werden konkrete Umsetzungsmöglichkeiten für die Marktkommunikation und Marktinformation dargelegt.

3.1   Waren- und Informationsfluss im elektronischen Geschäftsverkehr

In diesem Kapitel werden die verschiedenen Geschäftsbeziehungen des elektronischen Geschäftsverkehrs kurz vorgestellt, bevor auf ausgewählte Bereiche des e-Business eingegangen wird.

3.1.1   Verschiedene Geschäftsbeziehungen im e-Business

Im elektronischen Geschäftsverkehr wird zwischen verschiedenen Geschäftsbeziehungen unterschieden. Es folgt eine Definition über die für diese Studienarbeit relevanten Geschäftsbeziehungen.

Business to Business (B-to-B)

Hierbei handelt es sich ausschließlich um Transaktionen zwischen zwei oder mehreren Unternehmen. In dieser Geschäftsbeziehung sind keine Endkunden involviert. Die Geschäfte werden in B-to-B Handelsnetzwerken, Auktionsseiten, Tauschhandelsseiten und Online-Produktkatalogen angebahnt und durchgeführt. Das Potential dieser Art Geschäfte zu machen, liegt in der Erreichung neuer Kunden, der Bestandskundenpflege und dem Erzielen von besseren Preisen (maßgeschneiderte Angebote für individuelle Bedürfnisse und nachfrageorientierte Preise). Darüber hinaus ergeben sich auf vielen Ebenen Kostensenkungspotentiale, wie z.B. bei der Ermittlung neuer Lieferquellen sowie in der automatisierten Ausführung von Transaktionen und Zahlungen

Ein großer Anteil des B-to-B Handels spielt sich in offenen Handelsnetzwerken ab. Dies sind große elektronische „Marktplätze" auf denen sich Käufer und Verkäufer

---

[36] Vgl. WEISBECKER A., RENNER T., NOLL S., „Electronic Business", 1. Auflage 2004, S. 9 f., Fraunhofer-IRB Verlag.

online treffen, Informationen austauschen und Transaktionen effizient abschließen.
Marktforscher schätzen, dass trotz der steigenden Popularität solcher e-Marktplätze 93
Prozent der gesamten B-to-B Transaktionen über private Seiten (Kunden-Extranet,
Shop) abgewickelt werden. Diese privaten Handelsnetzwerke ermöglichen den Aufbau
engerer Handelsbeziehungen und die Kontrolle über die Produktpräsentation. Vor
allem behalten die Unternehmen die Kontrolle über ihre Marke und gehen nicht das
Risiko ein, in einem offenen Markt direkt mit Wettbewerbern zu konkurrieren.[37]

Business to Consumer (B-to-C)

Unter B-to-C werden Geschäftsbeziehungen zwischen Unternehmen und Endverbrau-
chern verstanden. Dabei geht es im Rahmen dieser Studienarbeit hauptsächlich um
den Verkauf von Waren und Dienstleistungen über das Internet. Die typischen Online-
Konsumenten stellen nicht mehr die veralteten Stereotypen wie Computerfreak mit
bleichem Gesicht, oder technikbegeisterter männlicher Berufstätiger mit gehobenem
Einkommen, dar. Da die Anzahl der Internetnutzer stark gewachsen ist, haben die
Online-Anbieter Zugang zu einem breiteren Spektrum an demographischen
Segmenten.

Bezogen auf das Thema der Studienarbeit lässt sich feststellen, dass Online-Käufer
immer mehr zu Schöpfern von Produktinformationen werden. Immer häufiger
entstehen im Internet Interessensgruppen, die Produktinformationen und
Erfahrungsberichte untereinander austauschen. Gerade in Online-Blogs gibt es als
Äquivalent zur Mund-Propaganda die „Web-Propaganda" (Virales Marketing[38]), die das
Anpassen bestehender Marketing-Strategien notwendig macht. An dieser Stelle sind
beispielsweise die Portale genannt, bei denen Kunden nach dem Kauf eine Rezension
und Bewertung von Dienstleistungen, bzw. Produkten, durchführen (z.B.
www.hotelbewertungen.de, www.amazon.de, www.ciao.de, www.dooyoo.de).

---

[37] Vgl. KOTLER, ARMSTRONG, SAUNDERS, WONG, 4. Auflage 2007, Grundlagen des
Marketing, S. 198f, Pearson-Studium.

[38] „Virales Marketing (auch Viralmarketing oder manchmal Virusmarketing, kurz VM) ist eine
Marketingform, die existierende soziale Netzwerke und Medien ausnutzt, um Aufmerksamkeit
auf Marken, Produkte oder Kampagnen zu lenken, indem sich Nachrichten epidemisch wie ein
Virus ausbreiten sollen. Die Verbreitung der Nachrichten basiert damit letztlich auf
Mundpropaganda, also der Kommunikation zwischen den Kunden oder Konsumenten.". Seite
„Virales Marketing", Wikipedia, Die freie Enzyklopädie, Stand 10.01.2009,
http://de.wikipedia.org/w/index.php ?title=Virales_Marketing&oldid=55166756, vom 17.01.2009.

3.1.2   Verschiedene Bereiche des e-Business

Das e-Business gehört zu den wichtigsten Bereichen der neuen digitalen Informations-
und Kommunikationstechnologien. Dabei umfasst das e-Business alle Arten von Geschäftsprozessen, die elektronisch abgewickelt werden. Betroffen sind unter anderem
die folgenden Bereiche:

- ❏   Geschäftsanbahnung und –abwicklung
- ❏   Werbung
- ❏   Online-Banking
- ❏   Einkauf
- ❏   Kundenservice [39]

Es lassen sich im Prinzip alle Arten von Geschäftsprozessen elektronisch abbilden.
Begriffe wie e-Commerce (elektronischer Handel), e-Auction (elektronische Verstei-
gerungen),   e-Government   (elektronische   staatliche   Geschäftsprozesse),   e-
Procurement (elektronischer Einkauf), e-Marketing (Internetmarketing) u.v.m. sind in
den letzten Jahren entstanden.

e-Commerce

Unter e-Commerce versteht man alle Kauf- und Verkaufsprozesse, die elektronisch abgewickelt werden. Hauptsächlich findet der Handel im Internet statt. Die Produkte und
Dienstleistungen werden online auf virtuellen Plattformen angeboten. Der potentielle
Käufer / Interessent benutzt diese Plattform, um schnell nach Produktdaten (Preise,
Leistungen, Verfügbarkeit) zu suchen und Bestellungen aufzugeben. Unter e-Commerce werden meist Online-Shop Lösungen verstanden. Das e-Commerce beinhaltet
aber auch das e-Marketing und das e-Purchasing. [40]

In der Studie „eBusiness-Barometer 2007/2008", die in dem eBusiness Jahrbuch der
deutschen Wirtschaft von der Wegweiser GmbH Berlin im Jahr 2007 veröffentlicht
wurde, wurden die Investitionsabsichten im Bereich des e-Business der Unternehmen
für das Jahr 2007 im Vergleich zu 2006 erhoben. Aus dieser Studie geht hervor, dass
die Unternehmen in die Bereiche e-Commerce und elektronischer Vertrieb, Portale und

---

[39] Vgl. Bundesministerium für Wirtschaft und Technologie, e-Business erfolgreich einsteigen,
Stand 11.2008, http://www.bmwi.de/BMWi/Navigation/Mittelstand/e-business,did=194988.html,
vom 07.11.2008.

[40] Vgl. KOTLER, ARMSTRONG, SAUNDERS, WONG, 4. Auflage 2007, Grundlagen des
Marketing, S. 194f, Pearson-Studium.

auch Online-Werbung investieren. In 2007 wurde zwar eine leicht rückläufige
Entwicklung im Bereich der e-Commerce-Lösungen verzeichnet, jedoch geht aus der
Abbildung 7 hervor, dass die Investitionsneigung in den einzelnen Bereichen weiterhin
im deutlich positiven Bereich liegt.[41]

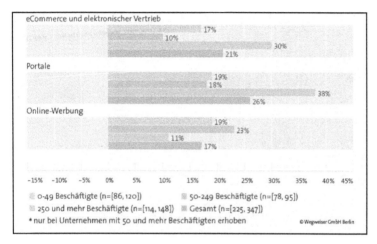

**Abbildung 7 - eBusiness-Barometer 2007 – Teil 5/6 (Prozentwert= Prozentualer Anteil der
Nennungen „steigend" abzüglich „fallend")[42]**

Dem Bundesverband für Informationswirtschaft, Telekommunikation und neue Medien
e.V. zufolge kauften private Verbraucher im Jahr 2006 per Internet Waren und Dienstleistungen im Wert von 46 Milliarden Euro. Auf das Vorjahr (2005) bezogen entspricht
das einem Zuwachs von 44 Prozent. Den Prognosen nach soll der elektronische
Handel mit Privatkunden (B-to-C) im Jahr 2010 auf 145 Milliarden Euro steigen.
Der B-to-B Bereich, also der Handel zwischen Unternehmen, stellt jedoch mit fast 90
Prozent den größten Bereich im e-Commerce dar. Der Umsatz belief sich im Jahr 2006
auf 392 Milliarden Euro. Dies ist im Vergleich zum Vorjahr (2005) ein Plus von 36
Prozent.

---

[41] Vgl. POLS, A; RENNER, T.: Studie eBusiness-Barometer 2007/2008, eBusiness-Jahrbuch
der deutschen Wirtschaft 2007/2008, S.56, Brandenburgische Universitätsdruckerei und
Verlagsgesellschaft Potsdam mbH.

[42] Vgl. ebenda.

Wie aus der folgenden Abbildung hervorgeht, soll der Umsatz bis zum Jahr 2010 auf 636 Milliarden Euro steigen.[43]

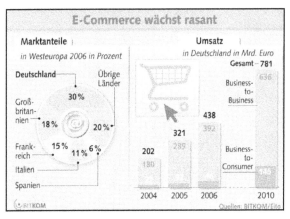

Abbildung 8 - e-Commerce wächst rasant[44]

3.1.3 Beziehung zwischen Waren und Informationsfluss im e-Business

Neben der Warenlieferkette, der so genannten Supply Chain, welche für den Waren-fluss zwischen verschiedenen Unternehmen bis hin zum Endkunden verantwortlich ist, hat die Content / Information Supply Chain (ISC) immer mehr an Bedeutung gewonnen. Die ISC umfasst alle Aktivitäten, die an der Erstellung, Nutzung oder Verteilung von Informationen rund um die auszuliefernden Produkte bzw. zu beschaffenden Waren beteiligt sind. Hierunter fallen zum Beispiel Informationen wie beschreibende Texte, Preise, Artikelnummern, Bilder und Grafiken.[45]

---

[43] Vgl. POLS, A., „Der elektronische Handel boomt", Stand 01.2007, http://www.bitkom.org /43672_43665.aspx, vom 08.11.2008.

[44] Vgl. ebenda.

[45] Vgl. LUCAS-NÜLLE,T., 1. Auflage 2005, Product Information Management in Deutschland, S. 16, p1V pro literatur Verlag.

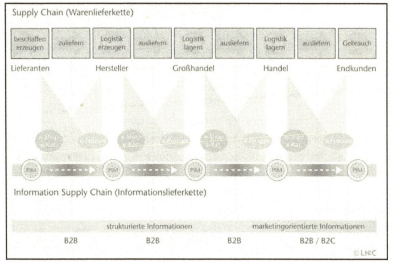

Abbildung 9 - Beziehung zwischen Supply Chain und Content / Information Supply Chain[46]

Wie aus Abbildung 9 hervorgeht, erstreckt sich die Informationslieferkette über die komplette Warenlieferkette. An den B-to-B Schnittstellen, also den Berührungspunkten zwischen Lieferanten und Herstellern / Handel, werden eher strukturierte Informationen ausgetauscht. Standards wie der unter Punkt 2.3.3 (Beschreibung von Produkten durch Klassifikationen) beschriebene eCl@ss-Standard und Austauschformate für elektronische Kataloge (z.B. BMEcat) sind hierbei unerlässlich. Diese bringen Kostensenkungspotentiale mit sich. Erst wenn der Hersteller die elektronisch vorliegenden Produktdaten eines Lieferanten um produktionsspezifische Informationen anreichert, um diese dann elektronisch an den Großhandel / Kunden weiterzugeben, können Zeit- und Kosteneinsparungen erzielt werden. Es wird auch von der sog. Buy-Side und Sell-Side gesprochen. Die Buy-Side beschreibt die Einkaufsseite eines Unternehmens (e-Procurement), die Sell-Side die Verkaufsseite.

Der Informationsfluss an der B-to-C Schnittstelle (Sell-Side) ist eher von marketingorientierten Informationen für die Produktpräsentation bestimmt.[47]

---

[46] Vgl. LUCAS-NÜLLE,T., 1. Auflage 2005, Product Information Management in Deutschland, S. 16, p1V pro literatur Verlag.

[47] Vgl. ebenda.

3.2   Rahmenbedingungen für den Einsatz eines PIM

Wann und ob sich der Einsatz einer IT gestützten PIM-Lösung lohnt, lässt sich nicht pauschalisieren. Dies ist jeweils unternehmensspezifisch. Die folgenden Punkte sollen jedoch einen Überblick geben, welche typischen Kriterien bei der Entscheidungsfindung eine Rolle spielen.

3.2.1   Zielgruppenspezifische Varianten des Produktsortiments

Um bei den Marketing- und Vertriebsaktivitäten die Streuverluste so gering wie möglich zu halten, werden potentielle Käufer mit gleichartigen oder zumindest ähnlichen Eigenschaften zu definierten Gruppen zusammengefasst. Durch die so genannte Marktsegmentierung soll die Bearbeitung eines Marktes zielgruppenspezifischer von statten gehen können.[48]

In den letzten Jahren hat sich ein Paradigmenwechsel vollzogen. Der Schwerpunkt im Marketing wandert immer mehr vom Massenmarketing zur zielgruppenorientierten Marktbearbeitung. Um die Zielgruppe entsprechend anzusprechen, werden zielgruppengerechte Produkte und Produktvariationen entwickelt. Bei Preis, Vertriebsweg und vor allem bei der Kommunikation orientiert man sich ebenfalls an der Zielgruppe.[49]

Im Zuge eines einheitlichen Product Information Managements bedeutet dies u. a., dass Zielgruppen mit unterschiedlichen Medien angesprochen werden sollen. Wenn unterschiedliche Medien mit Produktinformationen bedient werden, ist eine einmalige Erfassung und ein zentrales Ablegen von Produktdaten vonnöten, um kostengünstig publizieren zu können. Weiterhin ist unabdingbar, dass die Produktinformationen, z.B. technische Daten, in allen Medien die gleichen Werte beinhalten. Jedoch sind nicht nur unterschiedliche Ausgabekanäle und die spezifische Kundenansprache, sondern auch ein differenziertes, auf den jeweiligen Markt abgestimmtes Produktsortiment, die Folgen des Zielgruppenmarketings.

3.2.2   Distributionskanäle

Die Anzahl und Art der Distributionskanäle sind weitere Kriterien, welche im Product Information Management Prozess eine Rolle spielen. Dabei muss berücksichtigt werden, ob die Produkte direkt an den Endverbraucher verkauft werden, oder ob Einzel- bzw. Großhandel involviert sind. Dies variiert je nach Branche, Unternehmen und Produkt. Je nach Distributionskanal sind der Transfer von Produktinformationen und die

---

[48] Vgl. WINKELMANN, P., 5. Auflage 2006, Marketing und Vertrieb, S. 18, Oldenbourg Verlag.

[49] Vgl. KOTLER, ARMSTRONG, SAUNDERS, WONG, 4. Auflage 2007, Grundlagen des Marke-ting, S. 456f, Pearson-Studium.

Produktkommunikation unterschiedlich.[50] So werden Großhändler eher mit digitalen strukturierten Katalogdaten versorgt, um diese dann direkt in ihren Onlineshop zu integrieren. Die Endverbraucher hingegen werden direkt vom Hersteller durch einen Onlineshop, bzw. je nach Käufergruppe auch durch Print-Kataloge erreicht.

3.2.3   Sprache / Grad der Internationalisierung

Das immer enger werdende Beziehungsgeflecht zwischen Ländern und Unternehmen lässt den Unternehmen kaum eine Chance, sich der Internationalisierung zu entziehen.[51] Mit dem Agieren auf internationalen Märkten müssen sowohl die Instrumente der Produktkommunikation, als auch die der Produktinformation, mehrsprachig sein. Dies stellt Anforderungen an den Übersetzungsprozess z.b. von Produktbeschreibungen, Marketingtexten, sowie von technischen Eigenschaften. Perspektivisch gehört dieser ebenfalls zu einem effizienten Product Information Management.

3.2.4   Größe des Verkaufssortiments

Ein weiterer Faktor stellt die Anzahl der Produkte im Verkaufssortiment dar. Jedoch dürfen die Bereiche Ersatzteile und Sonderprodukte nicht außer Acht gelassen werden. Diese Anzahl fließt in die Return on Invest (ROI) Berechnungen mit ein. Der Grund hierfür ist eindeutig. Je größer die Anzahl der verkaufsfähigen Produkten, umso aufwendiger ist die Produktdatenpflege und desto größer der Nutzen einer IT-gestützten PIM-Lösung.

3.2.5   One-to-one Marketing / Direkt-Marketing

Das Direkt Marketing ist als Ergänzung zum Massenmarketing zu verstehen. Mit Hilfe des Direkt Marketing / One-to-one Marketing können Unternehmen effizienter ausgewählte Kunden erreichen. Ziel ist es, eine persönlichere Kundenbeziehung aufzubauen, um somit den Grundstein für weitere Geschäfte zu legen. Denn es ist um ein Vielfaches teurer, neue Kunden zu gewinnen, als mit bereits bestehenden Kunden Geschäfte zu machen.[52]

---

[50] Vgl. KOTLER, ARMSTRONG, SAUNDERS, WONG, 4. Auflage 2007, Grundlagen des Marke-ting, S. 1015, Pearson-Studium.

[51] Vgl. SCHWERDT, A., 1. Auflage Mai 2003, Skript zur Vorlesung „Grundlagen des internationalen Marketing", S.1, Steinbeis Business Academy, Kuppenheim.

[52] Vgl. KOTLER, ARMSTRONG, SAUNDERS, WONG, 4. Auflage 2007, Grundlagen des Marketing, S. 985f, Pearson-Studium.

Der B-to-C Marktplatz Amazon.de stellt im Online-Shop seinen Besuchern einen so genannten Empfehlungsdienst zur Verfügung. Dieser informiert den Käufer, nachdem er einen Artikel gekauft hat, welche ähnlichen Artikel andere Kunden interessant fanden. Bestenfalls wird hier ein Komplementärprodukt angeboten (z.b. Walkman – Kopfhörer). Dieser Empfehlungsdienst[53] (engl. Recommendation Engine) und weitere individuelle Funktionen werden in der Zukunft immer stärker Einzug in die Vertriebs-, und Kommunikationsaktivitäten halten. Hierbei werden definierte Einzelpersonen, Ziel und Interessengruppen, nicht nur bei einer individuellen Adressierung, sondern auch in Bezug auf individuell abgestimmte Textinhalte und die Produktauswahl angesprochen. Die Produktzusammenstellung (Produktkonfiguration) gepaart mit Dienstleistungen werden ebenfalls zunehmen.

Um diese Funktionalitäten elektronisch zu unterstützen, müssen die Produktinformationen in zentraler Weise und qualitativ hochwertig vorliegen.

3.3   Umsetzungsmöglichkeiten für die Marktkommunikation

3.3.1   Printkatalog

Der Printkatalog bleibt trotz des Internethandels das wichtigste Medium für den herkömmlichen Katalogversandhandel. Als Ergänzung zum klassischen Katalogversandhandel wurden neben der Bestellungsaufnahme per Brief, Telefon oder Fax, der Online-Katalog in den Marketing-Mix mit aufgenommen.[54]

Jedoch kann nicht nur im Versandhandel eine kostengünstige und rationale Katalogproduktion erzielt werden, sondern auch bei Industrieunternehmen.

Bei der Marktuntersuchung zum Thema „Unternehmens- und Produktkommunikation", die in Deutschland, Österreich und der Schweiz von Lucas-Nülle Consulting & Partner im Jahre 2007 durchgeführt wurde, stellte sich heraus, dass Industrieunternehmen mit einem Umsatz von bis zu 100 Mio. Euro ein- bis zweimal pro Jahr einen Katalog mit durchschnittlich 257 Seiten produzieren. Für die Neuerstellung werden durchschnittlich 19 Wochen und für die Aktualisierung neun Wochen benötigt.

---

[53] „Ein Empfehlungsdienst (englisch Recommender System) ist ein automatisches Verfahren, das ausgehend von vorhandenen Webseiten oder anderen Objekten ähnliche Objekte ermittelt und empfiehlt." Seite „Empfehlungsdienst", Wikipedia, Die freie Enzyklopädie, Stand 22.12.2008, http://de.wikipedia.org/w/index.php?title=Empfehlungsdienst&oldid=54449778, vom 17.01.2009.

[54] Vgl. KOTLER, ARMSTRONG, SAUNDERS, WONG, 4. Auflage 2007, Grundlagen des Marketing, S. 986, Pearson-Studium.

Sehr interessant ist, dass bei Industrieunternehmen mit einem Jahresumsatz zwischen 100 Mio. und 500 Mio. Euro die Produktion eines Hauptkataloges von durchschnittlich 356 Seiten, der zwei- bis dreimal pro Jahr herausgegeben wird, nur 17 Wochen für die Erstellung und acht Wochen für die Aktualisierung benötigt werden. Somit liegen der Aufwand für die Katalogproduktion unter dem der Industrieunternehmen < 100 Mio. Euro.

Bei Unternehmen mit einem Umsatz ab 500 Mio. Euro liegt die durchschnittliche Anzahl der Katalogseiten bei 601. Der Zeitbedarf für den Hauptkatalog liegt bei 22 Wochen, für die Aktualisierung werden durchschnittlich 13 Wochen benötigt. Der relativ hohe Aufwand für die Aktualisierung der Hauptkataloge zeigt, dass überwiegend keine datenbankbasierten Systeme im Einsatz sind. [55]

In der Vorgängerstudie aus dem Jahre 2005 vom gleichen Herausgeber werden die Optimierungspotentiale durch den Einsatz eines Product Information Management Systems bei der Katalogproduktion quantifiziert. Unternehmen mit einem einheitlichen und konsistenten Produktinformationsdatenbestand reduzieren den Aufwand bei der Neuerstellung eines Printkataloges von vierzehn auf acht Wochen deutlich. Bei der Aktualisierung verringert sich der Zeitbedarf von sieben auf vier Wochen (siehe Abbildung 10)

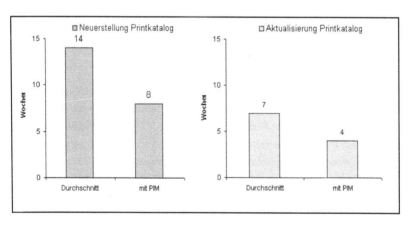

Abbildung 10 - Zeitbedarf zur Neuerstellung und Aktualisierung von Printkatalogen im Bereich Industrie

---

[55] Vgl. LUCAS-NÜLLE,T, 1. Auflage 2007, Unternehmens- und Produktkommunikation, S. 29 ff, Agentur roeder.

Die Pflege der Produktdaten in einem PIM-System für den Printkatalog hat den Vorteil, dass die Daten sowohl für den Printkatalog, als auch für den Online-Katalog und für alle weiteren Verwendungen nutzbar sind.

3.3.2   Online-Katalog / e-Katalog

Die Grundlage eines Online-Kataloges stellt die Datenbasis der Produktdaten dar. Ohne strukturierte Produktinformationen gäbe es keinen Online-Katalog. Dieser ist für das Suchen und Finden von Produkten und Produktinformationen von zentraler Bedeutung. Das Produktsortiment wird hierbei anhand von verschiedenen Kriterien zueinander in Beziehung gestellt.

Zusätzlich hat ein e-Katalog die Aufgabe, alle notwendigen Funktionalitäten, welche die Kaufentscheidung beeinflussen, zur Verfügung zu stellen. Diese sind:

- ◻ **Produktsuche:** nach verschiedenen Kriterien, semantische Suche, Volltextsuche
- ◻ **Trefferlisten:** übersichtliche Darstellung der sich durch die Produktsuche ergebenden Treffer
- ◻ **Produktvergleiche:** Gegenüberstellung der Produkteigenschaften auf Merkmalebene, um die Produktentscheidung zu erleichtern
- ◻ **Übersichtliche Kategorisierung und Kapitelstruktur:** Dies ist für Kunden, die sich durch den Katalog blättern möchten.
- ◻ **Übergabe in den Warenkorb eines Online-Shops**[56]

Der e-Katalog wird nicht nur als Informationsinstrument für die Kunden gesehen, sondern soll den Vertriebsinnen- und Außendienst ebenfalls bei den Verkaufsgesprächen unterstützen. Vor allem das Finden von Produkten auf Grund der Einschränkung nach bestimmten Produkteigenschaften stellt gegenüber dem herkömmlichen Printkatalog eine wesentliche Zeitersparnis z.B. bei der Kundenberatung oder im Verkaufsgespräch dar.

3.3.3   Online-Shop / e-Shop

Nachdem nun das Strukturieren des Produktportfolios und das Suchen und Finden von Produkten unter 3.3.2 erläutert wurde, wird nun auf die weitere Verwendung der gefundenen Produkte in einem e-Shop eingegangen. Wie unter Punkt 3.1.2

---

[56] Vgl. LUCAS-NÜLLE,T., 1. Auflage 2005, Product Information Management in Deutschland, S. 32, p1V pro literatur Verlag.

(Verschiedene Bereiche des e-Business) dargelegt wurde, wächst der Umsatz im e-Commerce rasant. Viele Unternehmen sahen in der Vergangenheit zwischen dem herkömmlichen, traditionellen Absatzweg (über Händler und andere Absatzmittler) und dem e-Commerce einen Konflikt. Dass das Internet auch als zusätzlichen Vertriebskanal gesehen werden kann, mit dem man neue Käuferschichten ansprechen kann, hat sich erst in der letzten Zeit gezeigt.[57]

Mit einem e-Shop werden im Internet die Produkte zum Kauf angeboten. Bei der Gestaltung des Shops muss auf die Zielgruppe eingegangen werden. Bei einem B-to-C-Shop sind andere Kriterien relevant, als bei einem B-to-B-Shop. Die folgenden Punkte sind für die Transaktionen in einem e-Shop relevant:

- **Preisinformation:** Preise und Rabatte (ggf. kundenindividuell je nach Authentifizierung des Shop-Users)
- **Verfügbarkeit:** Information aus dem Lagerverwaltungssystem über die Lieferfähigkeit des Produkts
- **Versandbedingungen:** Auswahl der Versandmöglichkeiten, kundenindividuelle Versandkosten, Lieferzeiten, etc.
- **Rechnungslegung und Zahlung:** Information und Festlegung der Rechnungs- und Zahlungsmodalitäten (Bankeinzug, Überweisung, Nachnahme, Zahlung auf Ziel)
- **Versand- und Rechnungsadressen:** Information und Festlegung der möglichen Versand- und Rechnungsinformationen

3.3.4 Datenaustausch mit Drittsystemen

Im elektronischen Geschäftsverkehr müssen die Daten zwischen den Systemen von Lieferanten, einkaufenden Unternehmen und elektronischen Marktplätzen, standardisiert ausgetauscht werden. Immer mehr Großkunden und Händler fordern die Produktdaten auf elektronischem Wege ein, um somit die Kosten für die Datenpflege im eigenen Warenwirtschaftssystem, bzw. Produktinformationssystem zu reduzieren. Dies stellt auch Anforderungen an das Product Information Management eines Unternehmens. Um dieser Anforderung gerecht zu werden, ist es unabdingbar ein PIM-System einzusetzen.

Die Erfüllung solcher Anforderungen wirkt sich momentan noch als Wettbewerbsvorteil aus. Perspektivisch wird sich jedoch ein Nachteil gegenüber dem Wettbewerb ergeben,

[57] Vgl. KOTLER, ARMSTRONG, SAUNDERS, WONG, 4. Auflage 2007, Grundlagen des Marketing, S. 203, Pearson-Studium.

wenn ein solcher Datenaustausch nicht angeboten werden kann. Hinzu kommen zukünftige gesetzliche Maßgaben, die z. B. elektronische Produktdaten für die Zulassung von Produkten fordern.

Beim elektronischen Datenaustausch setzt sich zunehmend das BMEcat als Austauschformat durch. Dieses Format basiert auf der XML-Technologie (XML = Extensible Markup Language). Die XML-Technologie ist eine Datenbeschreibungssprache, welche zur Darstellung von hierarchisch strukturierten Daten in Form von Textdaten verwendet wird.[58] Der Vorteil am Austausch von XML-Dateien gegenüber normalen Excel-Tabellen liegt in der eindeutigen Interpretierbarkeit und Lesbarkeit für den Empfänger. Bei der XML-Technologie wird der Aufbau einer XML-Datei durch ein so genanntes Schema definiert. Auf der Grundlage dieses Schemas kann der Empfänger eindeutig die Daten in sein Produktinformationssystem, bzw. Warenwirtschaftssystem einlesen. Er reduziert somit den manuellen Erfassungsaufwand von Produktinformationen, da die Daten bereits elektronisch als XML-Datei vom Lieferant der Ware bezogen werden können.

Eine weitere Verwendung des elektronischen Datenaustausches ist es, Plattformen, Portale, elektronische Marktplätze mit aktuellen Daten zu versorgen. Über diesen Weg können neue potentielle Käuferschichten erreicht, und die Abwicklung mit bereits bestehenden Stammkunden stärker forciert werden.

3.3.5   Kundenindividuelle Kataloge / Angebote

Gerade beim Direktmarketing / 1 to 1 Marketing wurde unter Punkt 3.2.5 bereits beschrieben, dass Angebote und kundenindividuelle Kataloge als Informations- und Kommunikationsmittel mit speziellen Kunden verstärkt zum Einsatz kommen und auch in Zukunft immer häufiger gefordert werden. Hierbei ist die Erstellung eines Kataloges, bzw. eines Angebotes mit Produktinformationen (technische Eigenschaften, Marketingtexte, kundenindividuelle Preise, etc.), sowohl als BMEcat-Format, als auch in einem graphisch aufbereiteten Katalog mit Produktbildern gemeint.

Dass dies ohne eine durchgängige PIM-Lösung nicht möglich ist, lässt sich überwiegend auf die verschiedenen Datenbanken, in denen Produktinformationen gehalten werden, zurückführen. Die damit einhergehende Datenredundanz machen einen automatisierten Datenaustausch mit Drittsystemen nahezu unmöglich.

---

[58] Vgl. Seite „Extensible Markup Language", Wikipedia, Die freie Enzyklopädie, Stand 17.12.2008,   http://de.wikipedia.org/w/index.php?title=Extensible_Markup_Language&oldid= 54241040, vom 23.12.2008.

Spezielle ansprechende Angebote für Kunden werden z.B. in Microsofts Word mit Produktbildern, Marketingtexten und kundenindividuellen Preisen vom Vertriebsinnendienst manuell erstellt. Hieraus lässt sich der große manuelle Aufwand ableiten, der für ein solches Angebot nötig ist.

Mit dem Einsatz eines PIM-Systems können solche Informationen per Mausklick zusammengetragen und sofort an den Kunden weitergegeben werden. Die Aufnahme von elektronischen Produktdatenblättern ist bei einer zentralen Datenhaltung ebenfalls per Mausklick möglich.

3.3.6   Extranet für Kunden und Partner

Ein Extranet für Kunden, Handelspartner und Außendienstmitarbeiter benötigt ebenfalls digitale Produktinformationen. Der Detaillierungsgrad und der Umfang der Produktinformationen für ein Kunden-Extranet ist höher, als für eine Website, bzw. für einen Online-Shop. Inhalte eines Extranets, wie zum Beispiel Auftragsstatus, Lagerverfügbarkeit, spezielle Konditionen, können auch von einem ERP-System kommen.

Weitere Anforderungen kommen zum Beispiel von Servicetechnikern, die auf aktuelle Montageanleitungen oder technische Produktspezifikationen zugreifen und gleichzeitig Ersatzteile online bestellen wollen. Solche Extranetmodule können von einem PIM-System die Produktinformationen, freigegebene Dokumente etc., geliefert bekommen.

3.3.7   Zusammenfassung

Sowohl bei Print- und e-Kataloglösungen als auch in einem e-Shop spielt die Verfügbarkeit von konsistenten elektronischen Produktinformationen eine wesentliche, wenn nicht sogar die entscheidende Rolle. Hierbei sind die Anforderungen an Mehrsprachigkeit, standardisierte Datenübergabe zwischen PIM-System und Online-Shopsystemen bzw. Handelsplattformen von zentraler Bedeutung.

Bei der ersten Einführung und Umsetzung einer dieser Lösungsansätze ist der Initiale Aufwand der Produktdatenharmonisierung und -erhebung ein entscheidender kritischer Erfolgsfaktor. Je nach Umfang des Produktsortiments und je nach Grad der Internationalisierung ist ein erheblicher Mehraufwand für das erste Realisierungsprojekt vonnöten.

4 Anforderungen an ein PIM gestütztes Kommunikations-System im e-Commerce

In den vorangegangenen Kapiteln wurden neben der Definition und Einordnung des Product Information Managements auch Ziele bei der Datenhaltung und ausgewählte Umsetzungsmöglichkeiten behandelt. Im folgenden Kapitel wird die schematische Integration des Product Information Management in die strategische e-Business Landschaft aufgezeigt. Im Anschluss daran, werden mögliche Probleme bei der Implementierung aufgezeigt.

Der Fokus steht hierbei auf der Verwendung der Produktinformationen für die „Sellside" (siehe Punkt 3.1.3).

4.1 Modell Integriertes Product Information Management

Im Rahmen der Studienarbeit wurde vom Verfasser ein Modell (Abbildung 11) zum integrierten Product Information Management entwickelt. Die Basis für dieses Modell lieferte eine Veröffentlichung des Fraunhofer Instituts für Arbeitswirtschaft und Organisation (im Folgenden IAO) zum Thema „Qualitätsgesichertes Produktdatenmanagement" von Manfred Mucha und Holger Kett aus dem Jahr 2004, welche vom Fraunhofer IRB Verlag in Stuttgart herausgegeben wurde.

Bei der Erstellung des Modells hat sich der Verfasser dieser Studienarbeit zuerst mit der Sammlung und Strukturierung der verschiedenen Produktinformationen auseinander-gesetzt. Gegenüber den Ergebnissen des IAO wurden noch weitere Daten als Produktinformation deklariert, somit wurde die bereits vom IAO gegebene Definition über Produktdaten vom Verfasser erweitert. Die Einteilung der Produktdaten in

- ❏ Produktstammdaten
- ❏ erweiterte Produktdaten
- ❏ strukturelle Produktdaten
- ❏ und dynamische Produktdaten

wurde vom IAO Modell übernommen.

Im Anschluss daran wurden die betroffenen Prozesse und Organisationseinheiten, in denen die Produktinformationen entstehen, ermittelt. Hierbei wurden die folgenden Prozesse und Organisationseinheiten identifiziert.

- Produktentwicklung,

- Produktmanagement,

- Key-Account,

- Vertrieb,

- Einkauf,

- Marketing,

- Logistik,

- Support und Service

Die zentrale Instanz beim integrierten Product Information Management ist die medien-neutrale und zentrale Ablage und Verwaltung der Produktinformationen. Darüber hinaus muss der Einpflegeprozess, also die Definition wer, wann, welche Daten pflegt, eindeutig in der Organisation verankert sein.

Der Verfasser hat die möglichen Ausgabe- und Publikationskanäle im Bereich des eCommerce in das Modell mit aufgenommen, um zu verdeutlichen, welche Synergie-effekte mit einem integrierten und einheitlichen PIM hinsichtlich der verschiedenen Verwendungen der Produktinformationen erzielt werden können. Es gibt natürlich noch weitere Nutznießer von einheitlichen Produktinformationen. Der Bereich e-Governance wurde vom Verfasser hinzugefügt, um zu verdeutlichen, dass Produktinformationen nicht nur im e-Commerce benötigt werden. Hierbei können einheitliche Produktinforma-tionen für gesetzliche Anforderungen, z.B. Produktzulassung und Produktsicherheits-datenblätter, relevant werden. Auf Grund des begrenzten Rahmens der Studienarbeit wurde, wie bereits schon erwähnt, auf das e-Procurement, (Buy-Side) nicht näher ein-gegangen.

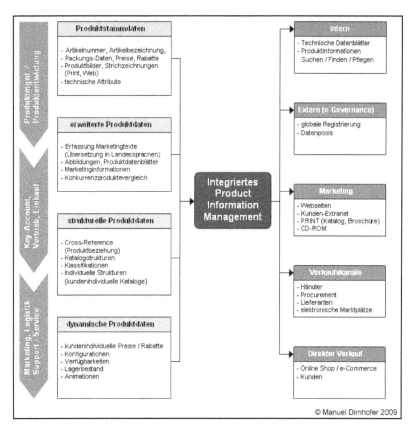

Abbildung 11 - Informationsherkunft und Informationsverwendung - Integriertes Product
Information Management

4.2   Anforderungen und Einflussfaktoren an Organisation und IT Systeme

Die Anforderungen an ein integriertes Product Information Management sind vielseitig.
Dies lässt sich auf die verschiedenen Arten und Formate von Produktinformationen,
wie z.B. Bilder, Zeichnungen, Produktklassifikationen, Marketingtexte, Videos etc.
zurückführen. Ein weiterer Grund für die vielseitigen Anforderungen sind die
verschiedenen Organisationseinheiten (Abteilungen), in denen die Produktdaten
gepflegt werden. Der Schwerpunkt liegt hier auf der Organisation und der Verankerung
der Pflege- und Freigabeprozesse in die Unternehmensabläufe.

Einfluss auf diese Anforderungen haben natürlich auch die IT-Infrastruktur und IT-Sys-
temlandschaft. Im Wesentlichen ist hier die Konzeption und Integration eines PIM –
Systems in die bestehende Systemlandschaft zu nennen.

Im Folgenden werden einige Anforderungen an das Product Information Management
jeweils aus der Perspektive der Fachabteilung und aus der IT aufgelistet.

Fachbereich / Fachabteilung

- Pflege von Marketingtexten, Artikelklassifikationen etc. in einem System
- Organisation und Verankerung der Pflegeprozesse in die Organisation
  (Einführung von Content-Managern)
- Unterstützung der Pflegeprozesse durch Workflows
- Automatisierte Pflegeprozesse
- (halb-) automatische Bewertung/Klassifikation der Daten
- Werkzeuge für die Suche, Pflege und Analyse von Daten
- Einfache kunden-, marktspezifische Bereitstellung von Produktinformationen
- Nutzung und Verbreitung der Informationen über verschiedene Publikationska-
  näle (CD-ROM, Extranet, Shop, E-Katalog, Printmedien)
- Einfache und intuitive Bedienbarkeit
- Definierte elektronische Übersetzungsprozesse (Internationalisierung)

IT-Infrastruktur und Systemlandschaft

- Standardisierte Schnittstellen zwischen PIM-System und vorhandenen Syste-
  men (ERP, MDM, DMS, etc. siehe Punkt 2.1.2)
- Schnittstellenarme Integration in die bestehende Systemlandschaft
  (Komplexitätsreduktion)
- Verringerung der redundanten Datenhaltung / Datenpflege
- Standardsoftware versus Eigenentwicklung
- Effiziente Enterprise Search (Unternehmensweite interne Suchmaschine)
- Berücksichtigung und Einbindung in die strategische Systemlandschaft

4.3   Mögliche Probleme und Risiken

Das Hauptaugenmerk bei der Integration eines solchen Modells liegt auf der organisatorischen Umsetzung und dem Change Management der Unternehmung. Wie auch bei anderen Veränderungsprozessen in Unternehmen, sind in erster Linie die Kompetenz und die Methodik der Führung und der Projektleitung gefragt. Essentiell ist, dass das Product Information Management in die globale Management- und Technologie-Strategie der Unternehmung eingebettet wird. Hierdurch wird die nötige Aufmerksamkeit geweckt. Sollte dies nicht der Fall sein, kann dies zu Problemen bei der Priorisierung zwischen einzelnen Projekten führen.

Ein weiterer kritischer Erfolgsfaktor, neben dem Rückhalt im Management, ist das frühzeitige Einbeziehen der Betroffenen, wie z.B. Produkt-, Contentmanagern, Vertriebsmitarbeitern. Sollten diese Personen nicht rechtzeitig informiert und ins Projekt miteinbezogen werden, dann könnte dies zu Akzeptanzverlusten führen. Sollten sich z.B. zwei Produktmanager weigern mit dem neuen Prozess zu arbeiten, dann wirkt sich dies negativ auf die Qualität des Datenbestandes aus. Dies wirkt sich wiederum negativ auf den Projekterfolg aus.

Weitere Risiken und Herausforderungen stellen die Auswahl und die Erstellung eines Anforderungsprofils (Pflichtenheft) an die Projektmitglieder dar. Wenn die Projektmitglieder einen ungleichen Wissensstand zum Thema Product Information Management haben, kann die Anforderungsanalyse sehr langwierig und ungenau sein.

Neben den Problemen und Risiken in der Organisation, dem Projektmanagement und dem Change Management bei einer Product Information Management Einführung, kann es natürlich zu den unterschiedlichsten technischen Problemen bei der Integration und Implementierung des IT-Systems kommen. Hierauf kann jedoch auf Grund des Rahmes der Studienarbeit nicht näher eingegangen.

5 Schlussbetrachtung und Empfehlung

Die Trends und Einflussfaktoren im PIM-Umfeld sind stark geprägt von den Marktanforderungen und der Weiterentwicklung bestehender und neuer Ausgabekanäle. Vor allem ist der Trend der stetig fortschreitenden Globalisierung und der damit einhergehenden Erhöhung der Prozessgeschwindigkeit der Kommunikations- und Werbemittel ein zentraler Aspekt, warum sich Unternehmen mit dem Product Information Management Prozess befassen müssen. Diesen aktuellen Trends und Entwicklungen kann ohne ein integriertes IT-gestütztes Product Information Management nicht entsprochen werden. Der kritische und wichtigste Erfolgsfaktor bildet hierbei die zentrale Produktdatenhaltung. Nachdem viele Unternehmen ihre Stammdaten (Artikel-, Materialstamm, Kunden, Lieferanten) mittlerweile im Griff haben, ist es nun an der Zeit, das Produktwissen in Unternehmen mit diesen Stammdaten zu verknüpfen, und somit für alle zur Verfügung zu stellen. Ohne eine einheitliche Datenbasis und ohne eindeutig definierte und abteilungsübergreifende Pflegeprozesse sind die zukünftigen Anforderungen hinsichtlich automatischer Katalogproduktion, Broschürendruck, Online-Shop, Kundenportalen, Aufbau von Wissen in Unternehmen, nur äußerst schwer, oder gar nicht realisierbar. Hinzu kommen die Einsparpotentiale gerade bei der Katalogproduktion und bei der Wiederverwendbarkeit der Produktinformationen für weitere Ausgabekanäle.

Eine Musterlösung für die Integration eines Product Information Management kann vom Verfasser zu diesem Zeitpunkt nicht gegeben werden. Dies ist auf die Komplexität eines Integrationsprojektes und den vielen verschiedenen Abhängigkeiten zur bestehenden Systemlandschaft zurückzuführen. Jedoch werden verschiedene Empfehlungen und Anhaltspunkte geliefert, die der Verfasser bei einer Implementierung als wichtig erachtet.

Die Anpassung, bzw. Neugestaltung des Product Information Management Prozesses in Unternehmen, muss als Projekt mit Managementrückhalt platziert werden. Wichtige Phasen des Projektes sind:

- Auswahl von Projektmitgliedern (Multiplikatoren, Lead-User)
- Einheitliches Know-How-Niveau des Projektteams
- Erstellung eines Anforderungsprofils und Pflichtenhefts
- Zeit / Meilensteinplanung
- Analyse der bestehenden Systemlandschaft
    - Identifizierung der strategischen Systeme (DAM, MAM, DMS, ERP, CRM, ECM, MDM)

- Software / Lösungsauswahl
- Umsetzungsplanung (Einführung phasenweise)
- Testphase / Pilotphase
- Schulung Anwender / Key-User / Administratoren
- Dokumentation
- Übergabe in laufenden Betrieb

Diese Auflistung der Projektphasen und Aktivitäten sollen eine grobe Übersicht geben welche Punkte in einem solchen Projekt angegangen werden müssen. Auf die möglichen Probleme und Risiken hierbei wurde bereits im Kapitel 4.3 eingegangen.

Die entscheidenden Punkte bei der Auswahl eines Tools zur Unterstützung des PIM-Prozesses ist die Erhebung der IST-Situation, sowohl Prozessseitig als auch IT-seitig. Im Anschluss daran werden eine qualitativ hochwertige Anforderungsbeschreibung und ein aussagekräftiges Bewertungsschema erstellt, um eine möglichst genaue Entscheidungsgrundlage für die Auswahl des Tools zu haben.

Da die meisten Unternehmen in der bestehenden Systemlandschaft bereits Bild-, Mediendatenbanken (MAM, DAM), Dokumentenmanagementsysteme (DMS), ERP- und CRM-Systeme im Einsatz haben, ist es wichtig, die vorhandenen Systeme in das mögliche PIM Szenario mit einzubeziehen.

Fazit

Der komplette Product Information Management Prozess geht, wie schon mehrfach in dieser Studienarbeit erwähnt, fast durch die komplette Organisation und darüber hinaus. Die gesamte Content Supply Chain ist mit vielen Schnittstellen, Anforderungen und Regeln versehen. Aus diesem Grund wurde die vorliegende Studienarbeit auf den e-Business Bereich reduziert. Hierbei musste dann noch mal auf die Vertriebsseite (Sell-side) abgegrenzt werden. Jedoch werden in einigen Abbildungen der gesamte Zusammenhang und die Einordnung von PIM dargestellt. Ziel dieser Studienarbeit war es, einen Überblick über PIM zu geben und die Notwendigkeit darzulegen, diesen Ansatz auch auf der Managementebene zu verfolgen. Ein PIM-Projekt soll nicht nur ein weiteres IT-getriebenes Projekt sein, mit dem der Fachbereich nach der Einführung, wenn es überhaupt soweit kommt, ein weiteres Tool aufgezwungen bekommt. Die Optimierung des Product Information Management Prozesses soll dem Business die Chance geben, die zukünftigen Shop-, Website-, Katalog- und Portalprojekte noch schneller realisieren zu können, um der Geschwindigkeit des Marktes folgen zu können und um der Konkurrenz voraus zu sein.

Des Weiteren sieht der Verfasser hinter PIM auch einen weiteren großen Schritt zur lernenden Organisation, denn die Strukturierung von Produktdaten zu Produktinformationen und die elektronische Ablage und Verknüpfung zur Artikelnummer / Produktnummer bietet somit auch die Chance für die Mitarbeiter jederzeit auf Produktwissen zuzugreifen, zu jeder Zeit und von jedem Unternehmensstandort aus. Sei es bei Verkaufsgesprächen mit Hilfe von Broschüren, Katalogen und CD-ROMs – bei der Schulung von neuen Mitarbeitern mit Hilfe von technischen Datenblättern, Bildern und Trainingsvideos, oder für den Vertriebsinnendienst, der über die Online-Produktsuche über Katalogstrukturen oder Klassifizierung das gewünschte Produkt und die nötigen Informationen findet – **alle diese Möglichkeiten der Information und Kommunikation sollten etwas gemeinsam haben – die Nutzung dergleichen Produktinformationen.**

6 Literaturverzeichnis

Bücher

Hippner, Hayo / Wilde, Klaus D. [2006]: *Grundlagen des CRM*, Wiesbaden, 2006.

Kotler, Philip / Armstrong, Gary / Saunders, John / Wong, Veronica [2007]: *Grundlagen des Marketing*, München, 2007.

Lorenz, Oliver [2007]: *eBusiness-Jahrbuch der deutschen Wirtschaft 2007/2008*, Berlin, 2007.

Lucas-Nülle,Thomas [2005]: *Product Information Management in Deutschland*, Northeim, 2005.

Lucas-Nülle,Thomas [2007]: *Unternehmens- und Produktkommunikation*, Northeim, 2007.

Schwerdt, Ahron [2003]: Skript zur Vorlesung *„Grundlagen des internationalen Marketing"*, Kuppenheim, 2003.

Weisbecker, Anette / Renner, Thomas / Noll, Stefan [2004]: *Electronic Business*, Stuttgart, 2004.

Winkelmann, Peter [2006]: *Marketing und Vertrieb*, München, 2006.

Elektronische Quellen

„Begriffsdefinition Product Lifecycle Management-Systeme", http://www.plmportal.de/ index.php?id=904, Stand 24.10.2008.

„Definition Product Content Management", http://www.incony.de /index.php/pcm/, Stand 24.10.2008.

„Definition Product Lifecycle Management", http://www.incony.de /index.php/plm/, Stand 24.10.2008.

„Der elektronische Handel boomt", http://www.bitkom.org/43672_43665.aspx, Stand 08.11.2008.

„Document Management System", http://www.itwissen.info/definition/lexikon/ document-management-system-DMS-Dokumenten-Managementsystem.html, Stand 10.01.2009.

„Empfehlungsdienst", http://de.wikipedia.org/w/index.php?title=Empfehlungsdienst& oldid=54449778, Stand 17.01.2009.

„Enterprise-Content-Management", http://de.wikipedia.org/w/index.php?title=Enterprise-Content-Management&oldid=51218823, Stand 25.10.2008.

„Extensible Markup Language", http://de.wikipedia.org/w/index.php? title=Extensible_Markup_Language&oldid=54241040, Stand 23.12.2008.

„Information", http://de.wikipedia.org/w/index.php?title=Information&oldid=56171104, Stand 13.02.2009.

„Media Asset Management", http://www.documanager.de/magazin/artikel_1500_media_asset_management_mam.html, Stand 25.10.2008.

„Partner Relationship Management", http://www.itwissen.info/definition /lexikon/partner-relationship-management-PRM.html, Stand 30.10.2008.

„Virales Marketing", http://de.wikipedia.org/w/index.php?title=Virales_Marketing&oldid =55166756, Stand 17.01.2009.

Broschüren

„eCl@ss. Verbindet Unternehmen. Schafft Ordnung", http://www.eclass.de/user /documents/broschuere_eclass_verbindet_unternehmen_schafft_ordnung.pdf, Stand 06.11.2008.

„Flyer eCl@ss für den Mittelstand", http://www.eclass.de/user/documents/flyer_eclass _fuer_den_mittelstand.pdf, Stand 06.11.2008.

Behördliche Quellen

Bundesministerium für Wirtschaft und Technologie, „e-Business erfolgreich einsteigen", http://www.bmwi.de/BMWi/Navigation/Mittelstand/e-business,did=194988.html, Stand 07.11.2008.